coisas
reunidas

Philadelpho
Menezes

coisas reunidas

EDIÇÃO ANA ALY

1ª edição, 2019 / São Paulo

educ
Editora da PUC-SP

LARANJA ORIGINAL

A Florivaldo Menezes
(*in memoriam*)

Sumário

Prefácio

Dediquei três dos meus livros a Philadelpho Menezes. É a homenagem que prestei pela admiração que cultivei por ele e pelo respeito mútuo que consolidou a nossa amizade. Infelizmente, ele não chegou a ver essas dedicatórias. A primeira delas foi inserida no livro *Navegar no ciberespaço*. Estava envolvida na escritura desse livro quando recebi a tristíssima notícia do acidente que levou sua vida. Para neutralizar o choque e o trágico vazio, escrevi:

> À memória de Philadelpho Menezes
> *for the sake of friendship*
>
> filho-irmão intelectual que, admirada,
> vi crescer como árvore frondosa na plenitude do que prometia.
> Phila era o sol
> com toda a confiança que o sol nos dá de que continuará brilhando
> Partiu
> como um soco na barriga do mundo,
> o muro do real se escancarou

Pouco tempo depois, no livro *Comunicação e pesquisa*, que devo a discussões acaloradas que tivemos e das quais quis tirar a prova em investigações mais cuidadosas sobre o tema, a dedicatória mais do que justa foi:

> À memória de Philadelpho Menezes
> *for the sake of knowledge*

Por fim, no livro *Arte aquém e além da arte*, a dedicatória não menciona mais o nome de Philadelpho, mas, para bons entendedores, por remissão às dedicatórias anteriores, lá estava presente a sua memória:

for the sake of poetry

Mantive sempre no original a expressão "*for the sake of*" pela força que ela carrega e que a tradução empobrece: "por causa de". Nas frases em que a inseri, *for the sake of* deveria soar como "pela causa de", ou seja, em favor da causa da amizade, do conhecimento e da poesia.

As três dedicatórias foram aqui relembradas por motivo relevante: elas representam as três facetas mais fundamentais na composição da notável personalidade, sempre criadora, ludicamente irônica e com humor crítico de Philadelpho Menezes. Neste livro, o leitor terá acesso à faceta que provavelmente iluminava todas as outras: a poesia que corria em suas veias e a que dava expressão em obras com traços autorais muito marcantes.

Philadelpho foi precoce em tudo, inclusive na morte. Apesar disso, deixou uma obra volumosa e pluriforme. Ele foi ensaísta crítico, teórico lúcido, tradutor talentoso, agitador cultural, curador artístico, editor competente, professor inspirador e, como se não bastasse, administrador acadêmico dedicado e eficiente. No centro de todas essas competências e imantando a todas situava-se sua vocação para a poesia, provavelmente aquilo que ele mais prezava em si mesmo.

No ano de sua morte, estava com prazer contagiante organizando a reunião de suas obras poéticas em um volume. Isso foi interrompido pela cortante tragédia. Felizmente, é esse trabalho que agora a Educ – Editora da PUC-SP entrega ao público, graças à dedicação para sua recuperação de Ana Aly, sua viúva e grande colaboradora, e de Marcus Bastos, seu parceiro na tarefa de organização da obra naquele ano fatal. O que mais importa agora, portanto, é que os leitores tenham acesso, dezenove anos depois, a esses poemas que, pela força da criação, continuam e continuarão vivos para sempre.

Philadelpho Menezes chamava sua poética de "poesia intersignos", um outro nome para a poesia montagem caracterizada por especiais intersecções do visual, verbal e sonoro iluminados em faíscas semânticas originais. Com isso se quer dizer que a poesia nasce de achados, de encontros finamente certeiros entre imagem e sonoridade verbal, em condensações muito enxutas. Parecem tiros no alvo acompanhados de uma dose justa e exata de humor. Certamente, trata-se de uma poética que traz marcas de filiação ao modo de fazer da poesia concreta, mas em versões de cunho autoral muito próprio e singular, com um estilo inconfundível.

Digníssimas de nota são suas criações de poesia sonora. Para isso, Philadelpho Menezes fez uso como ninguém do espetacular laboratório de música eletroacústica que, graças ao apoio da Fapesp, abrilhantava, naqueles anos, o programa de pós-graduação em Comunicação e Semiótica, da PUC-SP, do qual ele era professor, criando em torno de si um séquito de jovens talentos que absorviam avidamente seu *savoir-faire* tanto poético quanto teórico e crítico.

Sempre com o selo de sua iniciativa, realizou várias atividades, que deram origem à poesia sonora no Brasil, atraindo, com isso, a atenção de poetas internacionais pelos quais é lembrado com expressiva admiração. É certamente muitíssimo triste que tanto talento concentrado tenha ido embora tão cedo. Entretanto, existe uma sabedoria inculcada na espécie humana de preservar, não obstante quaisquer dificuldades e empecilhos, tudo aquilo que pode lhe dar dignidade. O que poderia ser tão dignamente representativo daquilo que o ser humano tem de mais imperecível quanto a poesia? É justamente em prol do imperecível que Ana Aly, Marcus Bastos e a Educ se uniram para manter viva a memória das obras de Philadelpho Menezes. As jovens gerações de agora e, daqui para o futuro, precisam disso.

Lucia Santaella*

* Professora titular na Pós-Graduação em Tecnologias de Inteligência e Design Digital e em Comunicação e Semiótica da PUC-SP.

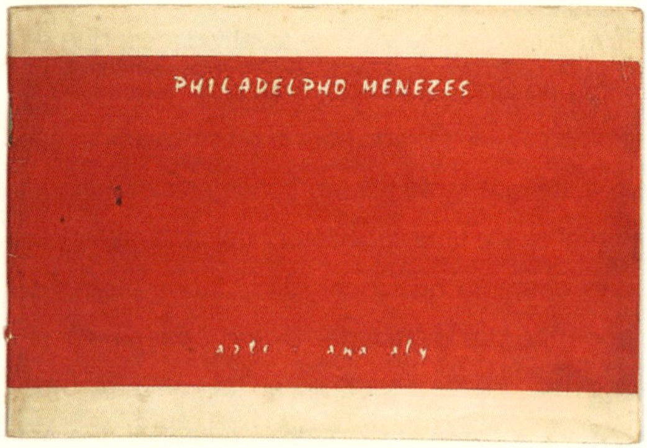

Capa do livro apelidado por Philadelpho Menezes de "Vermelho".
Edição limitada, em serigrafia, com arte-final de Ana Aly;
produzido por Edições Aicais, 820, em 1984.

Introdução

Ao longo da organização da primeira homenagem *in memoriam* a Philadelpho Menezes em 2002, deparei-me com a dedicatória do livro *Quatro achados construídos* por ele escrita para mim anos antes. Reli suas palavras que me ofereciam não apenas o livro, mas também suas impressões digitais, marcadas naturalmente na colagem do encarte do poema "Rever/Reviver", que é encaixado no livro como uma dobradura e que, portanto, é manuseado pelo leitor. A dedicatória sugeria que eu a lesse quando sentisse saudades, porque aquelas marcas dos seus próprios dedos passavam agora a ser minhas. O livro, as marcas dos dedos ali impressas, bem como a sua criação poética, tudo, então, passava a ser meu. Foi o desdobramento desse momento metafísico que gerou sentimentos, trouxe lembranças e aflorou a vontade em compartilhar aquilo que era "meu" com o mundo. Foi a partir daí também que passei a refletir se seria possível que Philadelpho, com seu natural radar poético e sensibilidade intrínseca a sua personalidade, antevisse sua precoce partida ao fazer daquela dedicatória uma espécie de poema visual premonitório. Tendo esse registro ficado curiosamente carimbado sobre o poema "Rever" após o seu falecimento em 2000, o conjunto todo da dedicatória passou a fazer ainda mais sentido, tendo em vista a sua distância física. Talvez Philadelpho tenha inconscientemente previsto na dedicatória que, para viver e reviver sua lembrança, passaria a ser necessário o manuseio do poema-objeto. Sobretudo, passaria a ser necessário *rever* as marcas das suas digitais estampadas ali, possibilitando, assim, o contato físico com o marido-poeta através do toque no papel desse poema que carrega, até hoje, as manchas de seus dedos. Ler a dedicatória diante daquela situação fez com que em poucos segundos tudo o que havíamos vivido juntos passasse por mim como um *flash* infelizmente sem volta, mas agora em direção à eternidade (tema que o atormentava e estava tão presente em toda a sua poética). Dali em diante minha alma passava a se contentar com a memória presente naquele pedaço de papel. E, naquela singela e romântica dedicatória, foi destinada a mim a confiança de cuidar do futuro de sua obra, incluindo nela nossas filhas Natália e Bruna, que sempre considerávamos como nossas obras-primas. Desde então, incorporei como minha tarefa dar continuidade ao que Philadelpho mais almejava: o voo de sua poesia para a humanidade, para que ela se mantivesse presente talvez para toda a eternidade. Que as palavras, imagens, sonoridades, odores, gestos, sussurros, grunhidos, gritos e tudo aquilo que cabe à multiplicidade das linguagens pelas quais Philadelpho se debruçava passassem a ser expostos ao mundo com a mesma dose de vigor como foi passada a sua personalidade única e carismática, provocando irresistível encantamento e permanente influência. Por isso, decidi que o melhor a fazer, para tentar sanar a imensa lacuna que Philadelpho deixou em nossas vidas e manter, não apenas sua obra, mas também ele de alguma forma vivo e perto de nós, seria difundir seu trabalho. No entanto, ao trilhar esse caminho, vários obstáculos foram aparecendo. E foi no ambiente virtual, sem sombra de dúvida o meio mais democrático, que encontrei espaço para, aos poucos, trabalhar o compartilhamento de seu pensamento e o acesso a ele. Criei uma página em rede social, local que se transformou em oportunidade para debulhar sua obra poética. Assim, cuidadosamente fui fazendo análise de poema por poema, relembrando os processos de criação de Philadelpho, bem como a imagem dos poemas que ele havia deixado. Esse ofício foi naturalmente me colocando cada vez mais inseparável tanto dele como de sua obra. Conforme fui escrevendo esses pequenos descritivos do processo de criação dos poemas, compartilhava-os com minhas filhas e, em seguida, com interessados que passavam a prestigiar os espaços *on-line* criados em homenagem ao Philadelpho, principalmente em redes sociais. Os resultados começaram a surgir, as trocas começaram a acontecer. Minha metodologia foi iniciar pelos poemas visuais, deixando, para o final, a descrição daqueles poemas que carregam a necessidade de uma interpretação semântica através da interligação dos códigos visuais e verbais. Tais poemas, cuja aparência muitas vezes é simples, carregam um grau de complexidade mais elevado. Esse é o caso de "Anacíclicos" (1981), por exemplo. Philadelpho usou meu nome A N A, que é um palíndromo, para fazer um jogo visual.

A união do poema com a descrição é realizada pela primeira vez agora na edição do livro *Coisias reunidas*. Portanto, os pequenos textos descritivos, fruto do meu trabalho aqui brevemente explicado, formam o conteúdo do glossário verbo-visual inserido neste livro após a antologia de poemas do Philadelpho. Tais descrições têm a função de permitir que o leitor se aproxime do processo de criação do poeta.

Coisias reunidas

Dentre tantas coisas incompletas que ficaram em minhas mãos para seguir e dar, de alguma forma, continuidade após o seu falecimento, o boneco do livro *Coisias reunidas*[1] foi, se não uma das, a mais preciosa delas. Em sua rotina, Philadelpho tinha o hábito de, ao preparar projetos, deixá-los sempre muito bem organizados – algo que não causaria qualquer estranheza, já que sua obstinação fazia desse comportamento uma regra de seu dia a dia. No entanto, confesso meu espanto ao deparar-me com o boneco da sua obra poética completa após a sua morte. Tratava-se do livro *Coisias reunidas*, que, além de ser uma antologia, contava com alguns poemas inéditos. Até mesmo eu, com quem Philadelpho compartilhava abertamente sua vida poética, fui surpreendida pela novidade. A conclusão desse projeto era tão recente que Philadelpho não teve tempo de me contar. Definitivamente, não deu tempo. Tudo aconteceu de uma hora para a outra. Ele havia preparado e deixado o projeto do seu grande sonho praticamente finalizado. Tal projeto possibilitaria a publicação de uma antologia que reunisse o conjunto total de sua criação até aquele momento (ano 2000). Mas, infelizmente, seu tempo físico havia cessado. Ele partiu sem essa alegria em seu coração. O material estava em minhas mãos. Nele, a indicação de dois nomes:

1 O livro *Coisias reunidas* tem origem em um projeto traçado por Philadelpho Menezes, em 1999, que previa o registro de seus poemas visuais e sonoros.

Lúcia Santaella, que seria convidada a contribuir tanto com a parceria intelectual quanto com a amizade, e Marcus Bastos, que seria seu parceiro na tarefa de organizar a obra. Seguindo minuciosamente a orientação deixada por Philadelpho, este livro conta, honrosamente, com a imensa contribuição de ambos, a quem aproveito a oportunidade para gratificar grandiosamente pela profunda e consistente colaboração.[2] Finalizo dedicando meus especiais agradecimentos aos editores José Luiz Goldfarb, da Educ – Editora da PUC-SP, e Filipe Moreau, da Editora Laranja Original, bem como a todos os demais envolvidos que tornaram esse livro possível. A primeira edição do livro *Coisias reunidas* oferece uma imprescindível continuidade na vazão da arte poética de Philadelpho, dando-lhe o justo e mais do que merecido lugar na história da poesia e, sobretudo, na história da poesia experimental brasileira. Além de destacar, é claro, a visão e as manifestações que o poeta desenvolveu, as quais criaram diferenças e inovações para o cenário da poesia brasileira. Como sua viúva, parceira de vida e coparticipadora de sua criação, minha expectativa, através desta publicação, é compartilhar sutilmente com os leitores e apreciadores de sua obra um pouco da sensação que tive ao ler sua dedicatória que tanto me marcou naquele momento póstumo. Mas meu principal objetivo é lançar ao mundo, através dessa antologia, a identidade de Philadelpho Menezes, sempre incentivando que seu legado poético seja usado como referência cultural para todos aqueles que quiserem dar continuidade ao seu incansável desafio de se autossuperar na busca de uma nova trajetória da poesia experimental no Brasil e no mundo. Para quem o conheceu, fica a imensurável saudade. Para a arte, um vácuo naquele caos-ordem que sua revolução costumava provocar.

Ana Aly*

2 Agradeço, também, ao colega/artista Carlos Fadon Vicente, que, com sua ampla experiência no mundo acadêmico e editorial, me ajudou com valiosas orientações para a realização deste projeto.

* Ana Aly é artista plástica. Mistura a arte experimental e a pintura como fonte de pesquisa de criação. É licenciada em Artes Plásticas pela FAAP e pós-graduada em Comunicação e Semiótica na PUC-SP. Sua obra transita entre pintura, fotografia e desenho gráfico. À semelhança de Philadelpho Menezes, o portfólio de Ana Aly inclui poemas visuais que lançaram novos e importantes rumos da poesia contemporânea mundial. A sua obra já esteve patente no México, na Bienal Internacional de Poesia Visual, e na Bienal Internacional de Artes, em São Paulo. Participou de inúmeras exposições nacionais e internacionais. Atuou como capista em diversas editoras, entre elas a Educ – Editora da PUC-SP.

Pai poeta

Foto: acervo da família

Poeta, pesquisador, professor, pensador, pai, Philadelpho. Poeta-pai. Pai-Philadelpho. Professor-poeta. Pesquisador e pai. Tantos nomes e nomenclaturas para o que ele foi ou ainda é foram dados ao longo desses quase 20 anos. São quase 20 anos que nós não somos nem capazes de mensurar como seria nossas vidas se ele ainda estivesse aqui. Mas, nem sempre morte significa ausência. Muitas vezes a morte pode também ser presença. Presença e permanência. E assim é Philadelpho-pai-poeta para nós: permanente. Quando ele faleceu, nós ainda éramos muito pequenas. Claro que a vivência de cada uma, assim como ausência paternal, foi sentida de maneira particular. No entanto, compartilhávamos a mútua memória que temos dele. Compartilhávamos a jovem mãe que sempre manteve acesa a luz da figura de Philadelpho-pai e poeta-Philadelpho. Isso possibilitou que, mais tarde, percebêssemos que a importância do seu legado intelectual passaria a ser o elo entre nós e ele.

Após sua repentina morte, Ana, nossa mãe, resolveu carinhosamente nos apelidar de "TPM". Para além do óbvio, a sigla significa "Trio Philadelpho Menezes". Nós tínhamos o maior orgulho de representar nosso pai a partir de uma brincadeira que também revela muito da essência feminina. A TPM, os hormônios, a puberdade, o crescimento, a adolescência, a vida adulta e tudo aquilo de que ele, infelizmente, não faria mais parte. E, assim, passamos a viver com nossas emoções e sentimentos à flor da pele. Tentando – no fim da infância e na transformação da puberdade – entender toda a obra e o pensamento que ele havia deixado. Para nós, enquanto ele ainda estava vivo, nada daquilo fazia muito sentido. Ainda muito jovens, não tínhamos qualquer discernimento ou referência para entender o trabalho experimental e poético que ele criava a cada dia. Sua luta ia além do desenvolvimento pessoal de uma estética poética desbravadora e quebradora de princípios e estilos, mas, sobretudo, de uma poética de inclusão que possibilitava que os estudantes e futuros poetas tivessem a oportunidade de, através do espaço universitário, transformar teoria em prática.

Hoje pode parecer trivial, mas há quase 20 anos pensar em uma pós-graduação que oferecia laboratório para experimentações fonéticas era algo fora da regra e dos padrões. Uma porta de possibilidades e um espaço de criação. Aquela havia sido uma das conquistas de nosso pai dentro da PUC-SP e que ficou em nossas memórias. Nós, como filhas e estudantes das escolas que circundam a Universidade, após as aulas, íamos lá encontrá-lo e participávamos daqueles momentos de experimentação. Mas, como anteriormente dito, para nós ainda não havia exatamente um sentido, além da graça. Havia, sem dúvida, muito humor. Embora sério, ele era uma das pessoas que mais sabiamente aplicava o humor. E, através do humor, é que toda a sua séria poética é construída, pelo menos ao que cabe a nossa interpretação.

Dizer que a figura física de Philadelpho não é mais presente em nosso universo só seria verdade absoluta através das lentes da física. Nosso pai, enquanto corpo e matéria, definitivamente não está aqui. Mas ele está, ele é e ele sempre será. Ele está na nossa motivação em realizar, herança da sua própria inquietação como produtor cultural e professor. Ele é parte de nossa produção artística e/ou acadêmica, como influência a partir de sua própria produção como poeta experimental e pesquisador. E ele será. Ele será não somente através da sua obra, que respira e continua florescendo, mas na transformação das novas gerações que o representarão, como é o caso de seu neto. Theo Philadelpho foi honrado com esse nome, que não deixa de ser uma forte homenagem afetiva, mas também tem a simbologia de o conectar, através do homônimo, com a sabedoria e a sensibilidade poética deixadas por seu avô.

“Se nada no mundo se trans-forma, tudo se perde”. Fazendo uso do desfecho do poema “A desordem dos fatores” de nosso pai, esse foi o lema adotado em família como consequência da desordem dos fatores que vivemos devido a sua precoce morte. Tivemos a sorte de vivenciar a transformação dessa partida sem perder de vista a obra e a imagem de quem ele foi. Há uma vida eternamente viva em nosso dia a dia que nos move rumo à criação através do elo com sua obra. Nossas escolhas profissionais, nossa produtividade e principalmente através da nossa união.

Natália e Bruna*

* Natália Aly Menezes, filha primogênita de Philadelpho, é mestre e doutora pelo programa de Tecnologias da Inteligência e Design Digital da PUC-SP, com doutorado sanduíche pela Universidade Humboldt de Berlim. Trabalha e pesquisa a cinematografia e o audiovisual experimental.

Bruna Aly Menezes, filha caçula de Philadelpho, é *designer* gráfica e fundadora da BAM! Estúdio Criativo, empresa especializada em design gráfico e *marketing* digital com foco na comunicação de instituições que promovem arte, cultura e educação.

Editar a poesia de Philadelpho Menezes

Honra, emoção, orgulho, como definir a oportunidade em editar uma obra póstuma do querido Philadelpho que também ocupou a cadeira da direção da Editora da PUC, a Educ? Faltam palavras para definir este momento como editor.

Philadelpho foi poeta, tradutor, ensaísta, pesquisador da poesia sonora e da poesia visual. Carreira acadêmica em nossa PUC-SP, mestre e doutor em Comunicação e Semiótica, com pesquisa de doutoramento na Universidade de Bolonha. Torna-se professor desse programa de pós e logo diretor da Educ.

Como livreiro e editor (Livraria Belas Artes e Nova Stella Editorial), envolvi-me profundamente com a família Menezes. Seu pai me visitava quase semanalmente para conhecer novidades do mercado editorial e sempre rolavam longos papos sobre literatura. Seu irmão lançou com minha editora sua primeira obra *Apoteose de Schoenberg*, em coedição com a Edusp. E Phila, além de visitar a Belas, realizou vários lançamentos da Educ em nossa casa.

Deixou-nos, prematuramente, ao completar 40 anos no ano 2000. Um vazio que nunca poderemos superar. Mas, aqui, a oportunidade, como diretor da Educ, em homenagear e compartilhar o trabalho do poeta Philadelpho Menezes. É pouco quando pensamos em sua presença fogosa, agitada, realizadora. Mas coloca em nosso catálogo sua presença, o que muito nos honra!

Bem-vindo, Phila...

José Luiz Goldfarb*

* Diretor da EDUC – Editora da PUC-SP. Professor do PEPG em História da Ciência da PUC-SP e presidente da Cátedra de Cultura Judaica da PUC-SP

Máquina 1980

dismac

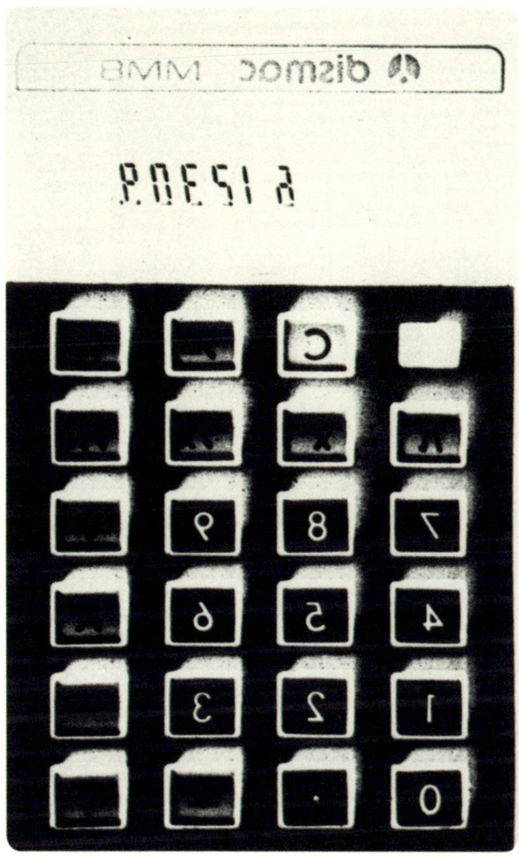

O lance secreto 1981

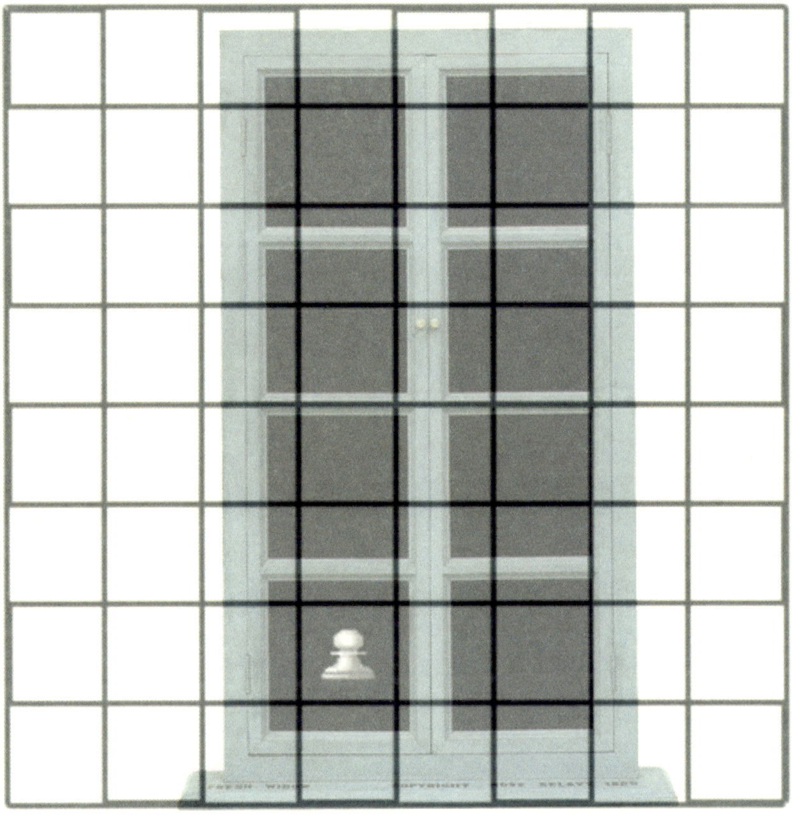

Anacíclicos 1981

Dedicado a Ana Aly

ra as leis da es

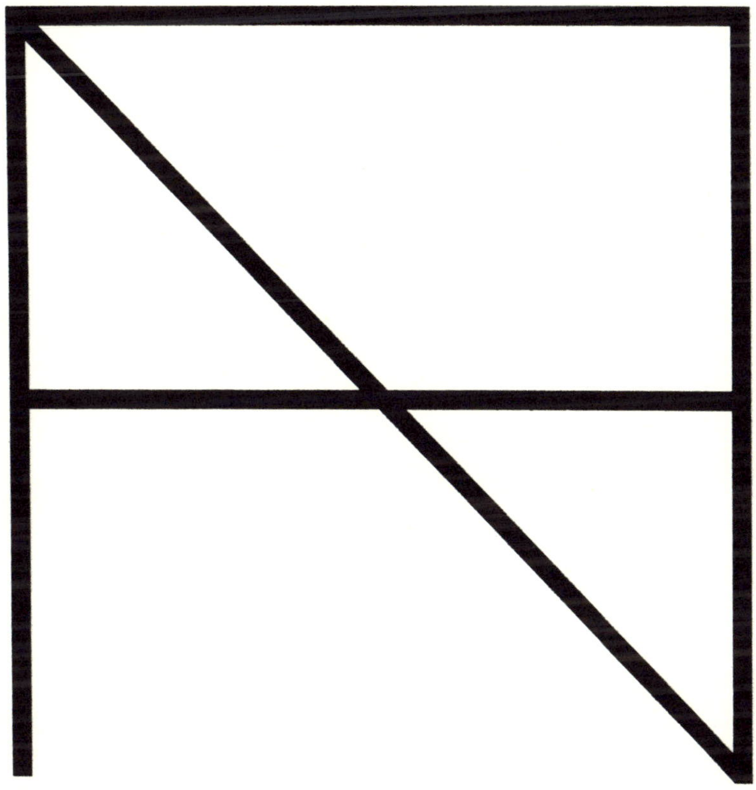

ra as leis da es

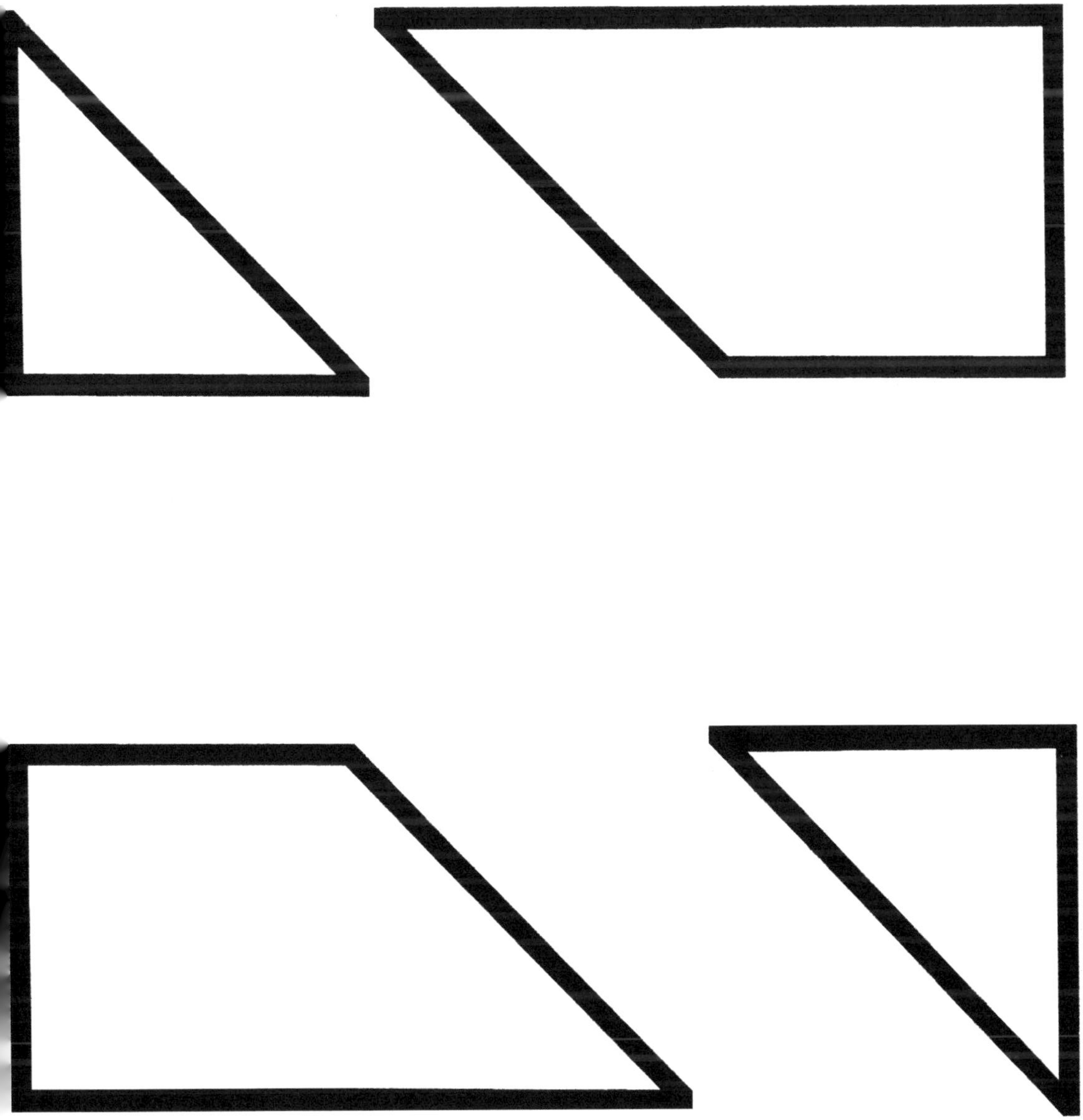

tra as leis da e

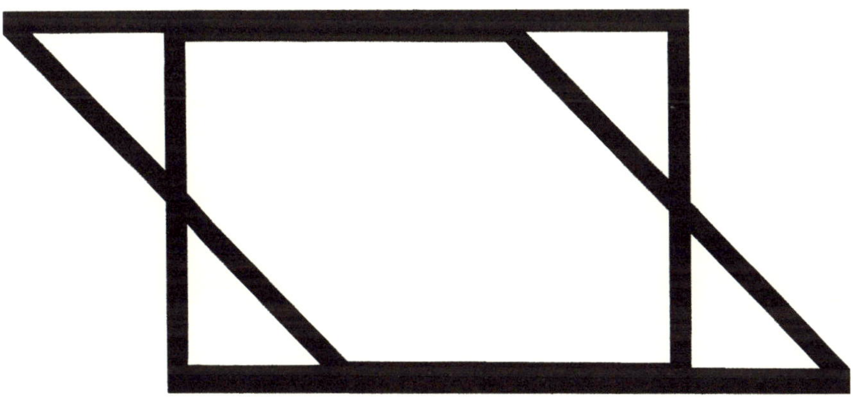

ontra as leis da

Reviver 1980

A partir do poema "Rever"
de Augusto de Campos

ontra as leis da

Clichetes 1980

contra as leis d

GOMA DE MASCARAR
Clichetes*
SABOR MENTAL

Desordens e pregressos 1997

Inconfidências 1980

LIBERTAS QUÆ SERA TAMEN

sas contra as le

Poema cartaz de agitação 1980

O POETA É A ANTENA DA PRAÇA

A galáxia Gottenberg 1988

"Destruir também é construir" (Hegel)

nascer

CRESCER

CANSER

as asas contra a

O inimigo (As flores do mal) / **Grafasias** (Os frutos do mal) 1997

O inimigo
(As flores do mal)

Meus jovens anos não passaram de intempérie
às vezes clareada por raios solares.
Chuva e trovão causaram danos em tal série,
que poucas são as frutas frescas nos pomares.

Agora que já chego às idéias de outono,
é necessário recriar com pá e enxada,
onde a água escavou grandes covas de sono,
o solo infértil desta terra desolada!

Quem saberá se as flores novas do agreste
não terão nesta campo limpo pela peste
o místico alimento que lhes dá vigor?

Ó dor! Ó dor! Enquanto o Tempo come a vida,
o obscuro Inimigo rói a cor da cor
no coração, feito em pó já tudo e bebida!

Baudelaire (tradução de Philadelpho Menezes)

Grafasias
(Os frutos do mal)

(15.03.1866–31.08.1867)

Meus jovens anos não passaram de intempérie
às vezes clareada por raios solares.
Chuva   trovão causaram danos em tal série,
    poucas são   frutas frescas nos pomares.

Agora   chego   idéias   outono,
    recriar   pá   enxada,
    água escavou   covas   sono,
  solo infértil   terra desolada!

    flores   agreste
    campo limpo   peste
    alimento   vigor?

  dor!   dor!   vida,
    cor   cor
  cor

A desordem dos fatores 1988

e as asas contr

no	mundo	nada
se	perde	tudo
se	trans	forma

Instruções: dada a matriz quadrada acima,
ache a determinante, alternando a ordem
dos elementos para encontrar esta matriz final:

se	nada	no
mundo	trans	forma
tudo	se	perde

Silogismo 1988

Tudo está cheio de deuses (Tales de Mileto)
Todas as coisas são números (Pitágoras)
Os números estão cheios de deuses

ate as asas con

Porco / Lama 1988

ate as asas cor

"...All beasts are happy,
For, when they die,
Their souls are soon
dissolved in elements"
(Marlowe)

Porco	:	Lama
corpo	:	x

bate as asas co

Universo / Souvenir

Versão do poema publicado em *Demolições (ou poemas aritméticos)*, em 1988.

UNIVERSO

Versos adnatos 1988

DA ANTIMATÉRIA DO UNIVERSO

DA ARITMÉTICA AO VERSO

Instruções: recorte a parte ao lado e, retorcendo uma volta a tira de papel, cole suas extremidades, casando as figuras geométricas semelhantes, de modo a montar um móbile com o formato abaixo:

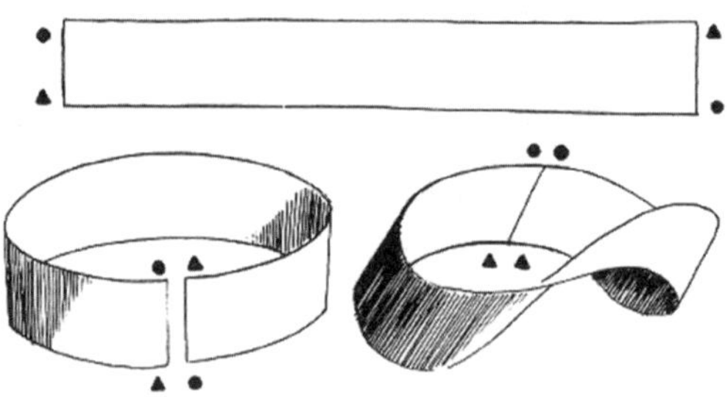

Neureka! 1991

to bate as asas

neureka!

They s/data

serto bate as a

he

he he

he

he he

he

he he

he

he he

he he

he

he he

he he he

Borboleta Brasil 1990

Poema em parceria com Ana Aly

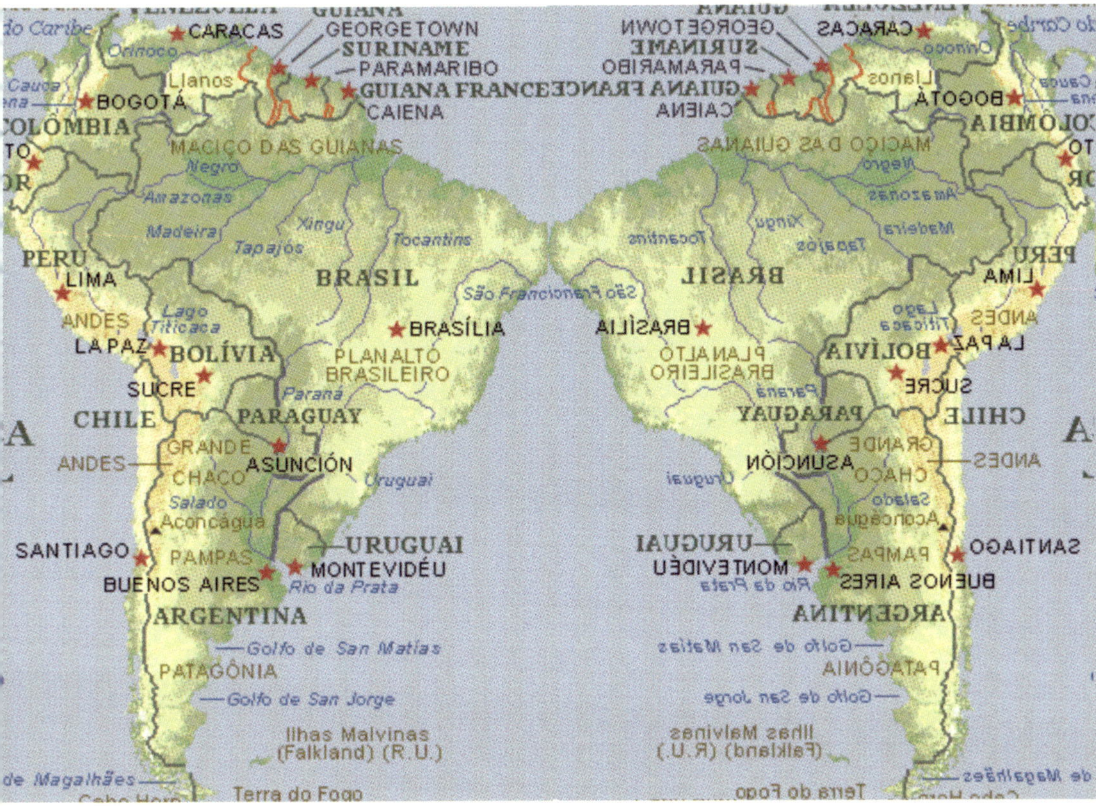
CARACAS
GEORGETOWN
SURINAME
PARAMARIBO
GUIANA FRANCESA
CAIENA
Orinoco
Llanos
BOGOTÁ
COLÔMBIA
MACIÇO DAS GUIANAS
Negro
Amazonas
Madeira
Xingu
Tapajós
Tocantins
PERU
LIMA
BRASIL
São Francisco
ANDES
Lago Titicaca
BRASÍLIA
LA PAZ
BOLÍVIA
PLANALTO BRASILEIRO
SUCRE
Paraná
CHILE
PARAGUAY
GRANDE CHACO
ASUNCIÓN
ANDES
Uruguai
Salado
Aconcágua
SANTIAGO
PAMPAS
URUGUAI
BUENOS AIRES
MONTEVIDÉU
Rio da Prata
ARGENTINA
Golfo de San Matías
PATAGÔNIA
Golfo de San Jorge
Ilhas Malvinas
(Falkland) (R.U.)
de Magalhães
Terra do Fogo

Extra virgem 1998

CARBONELL
DESDE 1866
SPECIAL SELECTION
Produzido na Espanha por
CARBONELL Y CIA. DE CORDOBA S.A.
CORDOBA
EC-9213/BRA

Pensando a arte 1 1993

OLIMPÍADAS
a arte é o lugar
onde os homens encontram
a paz de espírito!

Pensando a arte 2 1993

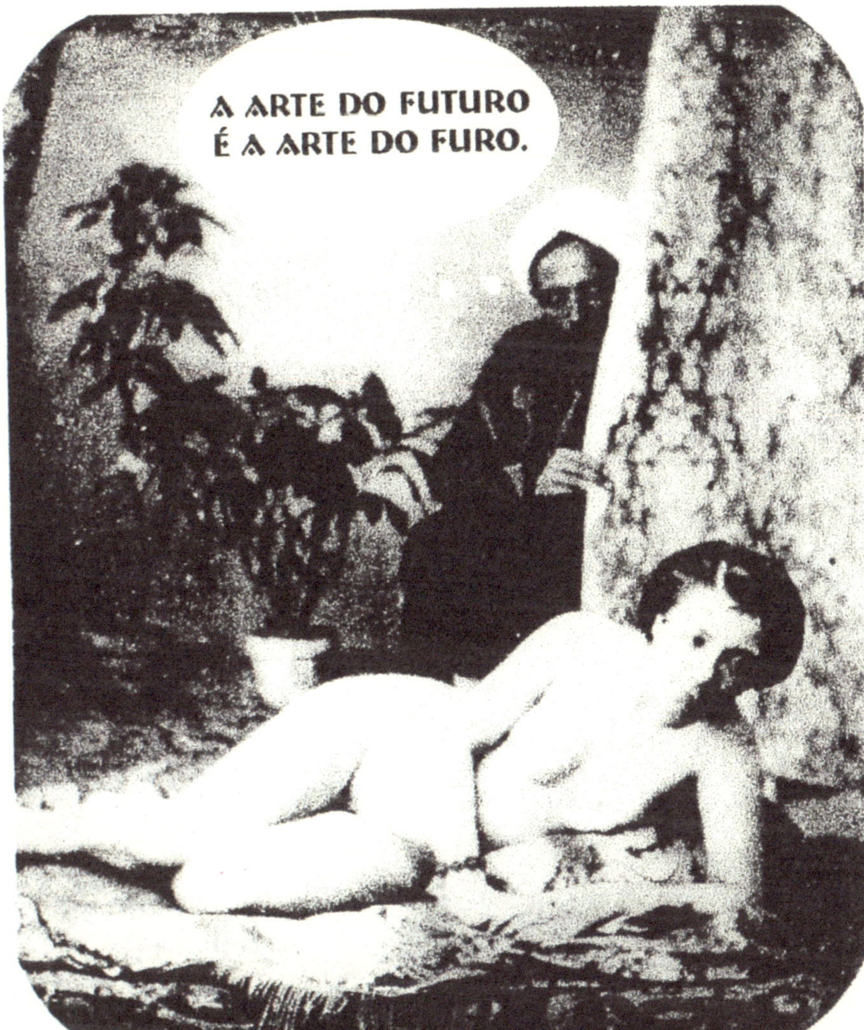
A ARTE DO FUTURO
É A ARTE DO FURO.

Cacófatos visuais 1996

o insert

Ano 2000... 1999

Jahr
2000
2001
2002...

Glossário verbo-visual*

O inserto (1987-1988)

"Ter realizado o verdadeiro poema sonoro do (vai assim) inseto inserto/incerto, de Philadelpho, que está no catálogo da I Mostra Internacional de Poesia Visual de São Paulo, 1988, bem na beirinha baixa da publicação, quando cinematizado pelo polegar, com toda aquela semântica escritural do barulho do inseto se debatendo, poema esse típico – este sim – da poesia sonora (usada e apregoada, pioneiristicamente, por ele no Brasil), isto é, lida ou cantada, mas acompanhada. Ou não. Como lhe conceituei em 1/5/1998, sem ser contestado, certamente por ser eu seu pai biológico ou por ter ele achado que não valia a pena polemizar com quem não domina totalmente aquele gênero, não obstante tenha eu traduzido os capítulos 'Uma arte nova – a Sonia' (tônica no i), de Pierre Garnier, e 'Fim do mundo da expressão', de Ilse Garnier, para o livro por ele organizado – o primeiro sobre o assunto no Brasil – *Poesia sonora*" (São Paulo, Educ, 1992). (Texto escrito por Florivaldo Menezes, extraído do site www.asdfg-menezes.org)

Máquina (1980)

Design de Ana Aly

Por meio de códigos numéricos, cria-se um novo sentido para a leitura de "612309" que, rebatida e invertida, transforma-se na palavra "POESIA".

---

* Este glossário verbo-visual resume os principais aspectos dos poemas de Philadelpho Menezes incluídos em *Coisias reunidas*, como forma de oferecer ao leitor um ponto de partida para se aprofundar em seu universo criativo. A não ser quando creditados, os verbetes foram elaborados por Ana Aly.

O lance secreto (1981)

Design de Ana Aly

O poema visual "O lance secreto", publicado graficamente pela primeira vez em 1981, é uma montagem com a ideia de "achados/ construídos" e que foi ainda mais explorada, quando transformada para versão digital, na qual o meio permitiu tecnicamente a junção de imagens, sons e palavras, através do sistema computacional. A integração desses elementos nas hipermídias ofereceu a efetivação da poética, sobretudo, com o uso da interatividade.

Do papel, tornou-se um "poema-jogável". Nesse "jogo", o poeta cruza informações biográficas, criando as chamadas ficções-teóricas. Fazendo analogias entre o jogo de xadrez da novela *Alice através do espelho*, de Lewis Carroll, a imagem vai sofrendo transformações, numa sequência em que sobra apenas o peão sobre um conjunto de seis casas pretas (como se fosse um buraco na fechadura ou uma vazão para um mundo secreto); em seguida surge a obra "Fresh widow" (um trocadilho em relação às "French windows") de Duchamp. Ao final, a "janela" é substituída pelo encontro de Alice Liddell (menina que inspirou Carroll) e Marcel Duchamp (na sua versão Rrose Sélavy). Através da página-tabuleiro, o poeta vai expondo "segredos" que são uma mescla entre verdades e mentiras. (Texto de Natália Aly Menezes)

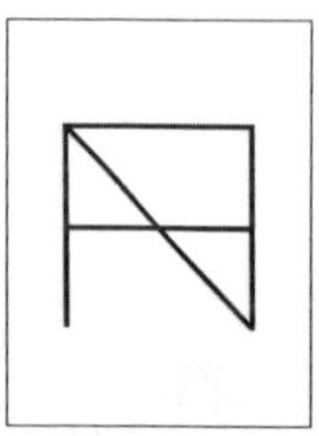

Anacíclicos (1981)

Design de Ana Aly

Anacíclicos ou palíndromos são palavras ou frases que podem ser lidas de frente para trás e vice-versa, mantendo-se inalteráveis, como, por exemplo, o nome Ana. Durante o namoro, Philadelpho dedica o poema intitulado "Anacíclicos" para Ana Aly, sua mulher e companheira de produção.

O autor usa o nome palindromático para fazer um jogo visual ao sobrepor as letras A N A, com uso de uma fonte desenhada geométrica e simetricamente calculada. O poema é composto em quatro partes: na primeira, as letras estão sobrepostas. As linhas das letras acabam por formar dois triângulos e dois trapézios espelhados, resultando em um "palíndromo-visual". Na segunda, as formas explodem na página para evidenciar essa visualidade. Em sua terceira etapa, o autor descobre que, ao entrecruzar os dois triângulos, são encontrados dois outros triângulos, como se as formas geométricas ali criadas fossem resultado de um cálculo matemático. Para finalizar o "palíndromo-visual", há uma expansão dos dois trapézios interseccionados, resultando no surgimento de quatro triângulos, remetendo visualmente ao jogo chinês Tangram.

Reviver (1980)

Design de Ana Aly

Palavra rebatida e espelhada, que forma um palíndromo. Poema-objeto que tem um ideograma chinês que significa água. Estilizado, ele forma os Vs e o I da palavra *Reviver*, sugerindo a forma de um vale e de um rio. Poema feito a partir do poema "Rever" de Augusto de Campos.

Clichetes (1980)

Design de Ana Aly

"Foi procurando a desautomação do olhar que fiz o poema em que numa caixinha de Chiclets* são feitas pequenas modificações, subvertendo o sentido geral da informação, ou uma nova maneira de pensar visualmente, formulando ideias através de imagens, símbolos, letras. No mínimo, é uma forma de pensar com humor e recuperar o poema como um modo de pensar com prazer" (Philadelpho Menezes, *Roteiro de leitura: poesia concreta e visual*. São Paulo, Ática, 1998, p. 95). Um achado mascarado na embalagem do Chiclets*, clichê da sociedade capitalista americana, encontrado na capitular "C" da palavra, na qual o *design* se assemelha a foice e martelo, símbolos do movimento comunista que é, paradoxal e ironicamente, o regime oposto ao capitalismo consumista americano. Dando um espaçamento maior entre a letra "C" e o resto da palavra, destaca-a e transforma *hiclets* em *lichetes*. Os subtítulos são alterados para "Goma de Mascarar Sabor Mental".

Desordens e pregressos (1997)

Design de Ana Aly

A bandeira do Brasil foi desorganizada, suas formas foram deslocadas caoticamente, e a reorganização serviu para "trocar" da antiga *Ordem e Progresso* para uma atual *Desordem e Pregresso*.

Inconfidências (1980)

Design de Ana Aly

O poema Inconfidências é uma sequência de 3 imagens:

1 - A primeira, a bandeira de Minas Gerais, representa justamente o ato dos inconfidentes de protestarem contra o sistema opressor de Portugal. A luta pela libertação.

2 - A segunda imagem da sequência representa o que normalmente está em processo, como estes: a repressão e a prisão! O sol vermelho pode representar tanto o sangue derramado pelas lutas quanto uma esperança vindoura por estar de fora das grades.

3 - A terceira é a liberdade! Representada por um céu vermelho (provavelmente iluminado pelo sol rubro anterior), com uma lua e uma estrela, com alusão à bandeira Russa, sugerindo a ideia de que se encontrará a alforria num sistema anárquico com o fim do Estado e da sua autoridade.

Poema cartaz de agitação (1980)

Design de Ana Aly

A célebre frase de Ezra Pound "Os artistas são a antena da raça" também ficou conhecida pelo sentido visionário de que os artistas e/ou poetas seriam antecipadores de seu tempo. No "Poema cartaz de agitação", Philadelpho fez um "trocadilho": com a figura do poeta Maiakovski inserido num cenário de comício de praça pública; ele alterou a frase para "o poeta é antena da praça", sugerindo um tom ideológico de que o papel do poeta é de ser um catalisador de novas ideias, atiçando-as em atos públicos, agitando as massas e provocando revolução. É um Maiakovski fazendo uma *performance* de vanguarda para o povo em praça pública. O livro *Vermelho* tem um teor

marxista, no qual "foice & martelo" estão frequentemente presentes. É datado de 1980, período em que Philadelpho participava dos movimentos estudantis da UNE (União Nacional dos Estudantes), em São Paulo, no largo São Francisco (*campus* da Escola de Direito da USP), tempos difíceis de protestos ainda contra a ditadura militar.
Publicado no livro-objeto *Vermelho* (São Paulo, Aicais, 1984).

A galáxia Gottenberg (1988)

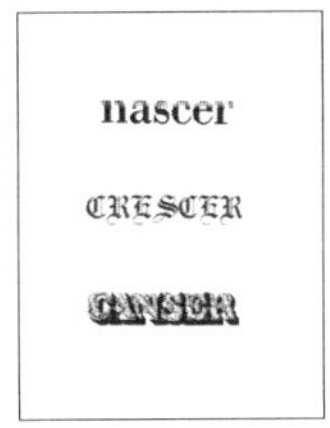

Design de Ana Aly
Já no título do poema, Philadelpho faz um jogo de palavras entre "Gott", que em alemão significa Deus, e "Gutemberg", o gráfico e inventor da imprensa, criador dos tipos móveis, considerado um dos eventos mais importantes do segundo milênio.
O poema acontece numa evolução de tipos: NASCER/ CRESCER/ e, por fim, a doença CAN(S)ER.
Essa trajetória da vida é representada por três tipologias: a primeira, o nascer, é mais simples e limpa; ao crescer, o tipo é gótico, ou seja, foi se complicando e rebuscando; finalmente, o último é um tipo pesado, carregado de muita informação gráfica, poluído, em que o adorno já está em excesso, quase explodindo de seu próprio limite, como as células do câncer que se proliferam em progressão geométrica!

O inimigo (As flores do mal) / **Grafasias** (Os frutos do mal) (1997)

Philadelpho traduz o poema "O inimigo", de Charles Baudelaire, que associa a brevidade da vida e a desolação do homem diante da passagem do tempo, restando a dúvida de qual será o alimento para as novas *flores* naquela terra lúgubre. No poema "Os frutos do mal", as palavras começam a cair aos poucos da página, como se fossem *frutos*. Ao final do poema, restam somente palavras-sílabas! O "mesmo" poema anterior, "O inimigo", com alterações de linguagem, como se fosse o próprio Baudelaire tentando se comunicar quando, muito próximo da morte, foi acometido pelo mal da afasia (uma alteração da função da linguagem).

A desordem dos fatores (1988)

Com base no pensamento de Lavoisier, Philadelpho faz uma espécie de equação matemática de palavras com instruções a seguir e, dessa maneira, consegue inverter totalmente o sentido da reflexão inicial do poema.

Silogismo (1988)

O poema nada mais é do que um silogismo (dedução de um raciocínio que se dá pela conclusão dos argumentos que o antecedem: compostos de duas premissas que, em lógica, são fórmulas que propõem os juízos prévios) coerente com todo o sentido do livro.

Porco / Lama (1988)

A equação matemática Regra de Três é um cálculo com palavras e não com códigos numéricos, no qual o resultado para "x" é um anagrama de "lama" e com significado quase antagônico.
Resultado:
Porco está para Lama assim como
Corpo está para Alma

Universo / Souvenir (1988)

Representar o universo como se fosse um *souvenir* (de Deus? Do Cosmo?) através de um *uni/verso* anagramático/palindromático. Infinito.

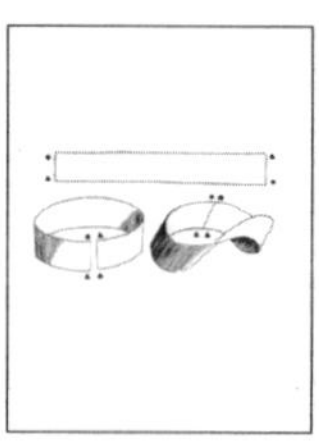

Versos adnatos (1988)

Poema-objeto: uma fita de Möbius para ser montada de forma que um verso faça parte do outro. Enquanto um verso trata de "abstrações" da matéria, o outro trata do enigma cosmo, mas praticamente se fundem em palavras que também são quase anagramáticas.
Instruções: recorte a parte ao lado e, retorcendo uma volta a tira de papel, cole suas extremidades, casando as figuras geométricas semelhantes, de modo a montar um móbile.

Neureka! (1991)

Poema original: *outdoor* comemorativo de 100 anos da avenida Paulista. Um impacto ao aparecer subitamente diante do espectador, como um achado dentro do frenesi da metrópole, sugerindo que a poesia é a solução e o antídoto para a neurose urbana.

They (sem data)

Um poema tipográfico em que a repetição da palavra em inglês "he" produz uma sonoridade de risada. Ao mesmo tempo, a repetição transforma o ele individual num nós coletivo.

Borboleta Brasil (1990)

Coautoria com Ana Aly

Ao rebater a imagem do mapa da América do Sul, é possível visualizar um coração ou a "metamorfose" do Brasil, na forma de borboleta com asas para voar e "embelezar", "polinizar" o mapa-múndi.

Extra virgem (1998)

Coautoria com Ana Aly

Apropriando-se da garrafa de azeite Carbonell (*ready-made*), na qual o rótulo tem uma figura feminina com expressão, em seu olhar, que mais se parece de êxtase sexual, o poeta reverte o sentido do nome "extra-virgem" do produto numa contradição (paradoxo), fazendo algumas interferências na logomarca do rótulo: acorrenta as mãos da moça "virgem" nos galhos da árvore, aprisionando-a como uma escrava sexual. Também preenche o vasilhame com um líquido vermelho, simulando sangue de menstruação. Um poema crítico ao machismo, explicitando a condição de aprisionamento da mulher através de símbolos mascarados quase imperceptíveis no dia a dia da sociedade de consumo.

Pensando a arte 1 (1993)

Mulher nocauteada, seminua, depois de muito lutar, exausta, reflete sobre ARTE como sendo uma sobrevivência meta/física.

Pensando a arte 2 (1993)

Seguindo a ironia poética do poema da mesma série, aqui o poeta faz uma montagem irônica em que um homem pensa (com o uso de um balão de diálogo típico dos *comics*) a frase "a arte do futuro é a arte do furo", colocando em questão o posicionamento da mulher na arte, a exploração da sensualidade e o *voyeurismo*.

(Texto de Natália Aly Menezes)

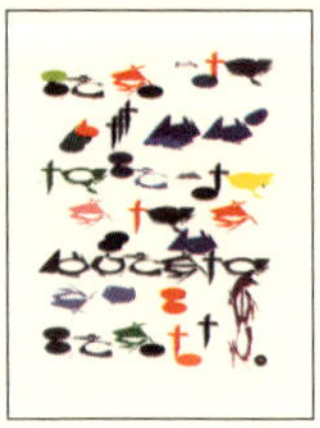

Cacófatos visuais (1996)

Um cacófato é "acidente sonoro" que acontece quando há a junção de palavras que, ao se combinarem em uma mesma frase, causam uma outra palavra, geralmente de teor erótico ou grotesco. Esses acidentes acontecem em frases como: "Vou-me já", "Como as concebo", etc. A série "Cacófatos visuais", de Philadelpho, é uma espécie de "brincadeira" que faz parte de um humor intrínseco à obra do poeta, que trabalha com a ideia desse deslize sonoro. Através de formas e estilhaços que são espalhados de maneira desorganizada no espaço do poema, há a composição da imagem que, em um dado momento, se encontra aleatoriamente, gerando, de forma visual, esse desastre sonoro, acima explicado. O desafio é fazer com que o leitor desvende a obscenidade que está ali oculta naquela bela imagem gráfica multicolorida. A partir de 1996, Philadelpho começou a dominar ferramentas computacionais e *softwares* de edição de imagem, desenvolvendo uma autonomia gráfica e fazendo experimentações com habilidade de *designer*. Nesse momento, ao ter autonomia tecnológica e gráfica, argumentava o seguinte, em relação a seus poemas antes arte-finalizados por Ana Aly: "Realizar a arte-final dos 'Cacófatos visuais', através do computador, foi um desafio que pela primeira vez me fez trabalhar com poemas gráficos sem meu braço direito: Ana Aly". Por essa razão, essa obra tem uma influência visual muito evidente da artista Ana Aly, revelando a parceria do casal, além de deixar evidente o valor do colorismo de sua poesia e pintura no resultado final dessa série.

Ano 2000... (1999)

Para o poema "Ano 2000", foi utilizada uma fonte em que a letra "A" e o número "2" são indistinguíveis. A palavra *Jahr* (que significa ano, em alemão) dá sequência a uma lista em ordem crescente dos 3 primeiros anos do século XXI. A junção dos 4 números 2 (ou letras A) gera a combinação 2222, fazendo uma alusão à música de Gilberto Gil, "Expresso 2222" (que deu origem ao álbum lançado em 1972), em que o compositor fala dos anos 2000, 2001 e 2002:

Começou a circular o Expresso 2222
Da Central do Brasil
Que parte direto de Bonsucesso
Pra depois do ano 2000
Dizem que tem muita gente de agora
Se adiantando, partindo pra lá
Pra 2001 e 2 e tempo afora
Até onde essa estrada do tempo vai dar [...]

Esse foi o último poema visual de Philadelpho Menezes, criado para um evento de poesia que aconteceu na Alemanha, no final do ano de 1999. Acima de tudo, foi o último poema visual deixado por ele, que partiu na estrada do tempo no expresso do ano 2000.
(Texto de Natália Aly Menezes)

o in

Posfácio

A poesia de Philadelpho Menezes

Por ocasião dos 30 anos da Mostra Internacional de Poesia Visual, curadoria de Philadelpho Menezes no Centro Cultural São Paulo, apesar da multiplicidade de sua obra que abrange experiências com som, vídeo, objetos e CD-ROM, faz sentido estreitar um foco em torno de sua poesia visual. A poesia visual é seu ponto de partida, tanto em livros de artista como *4 achados construídos, Demolições* e *Vermelho*, quanto na escrita crítica de *Poética e visualidade* e *Poesia concreta e visual*. Mesmo transitando por um escopo amplo de linguagens, suas experimentações nunca deixaram para trás o núcleo da visualidade, abrigo de alguns de seus últimos poemas como "Pensando a arte 1 e 2".

Aproveitando a efeméride, e seguindo um projeto deixado por Philadelpho Menezes pouco antes de sua morte, este ano comecei a trabalhar com Ana Aly para a publicação do livro *Coisias reunidas*, lançado pela Educ – Editora da PUC-SP e pela Laranja Original. É com base neste projeto que proponho as análises a seguir dos poemas de Menezes.

Antes de partir para uma análise mais direta de alguns poemas marcantes da obra de Menezes, vale apontar algumas tendências mais gerais de sua poética. Para organizar melhor sua obra, serão propostas quatro categorias de poemas. A primeira delas é a dos poemas visuais realizados em serigrafia e *offset*, em que a ênfase na montagem entre os elementos verbais e visuais é a característica mais marcante, e muitas vezes se amplia para a mecânica de leitura do próprio livro, interferindo diretamente na página como unidade de sentido. A segunda delas é a dos poemas que exploram lógicas extratextuais de organização, por exemplo, princípios matemáticos. A terceira delas é a dos poemas falsamente versificados, em que o aparente retorno ao texto representa, de fato, uma ênfase nos aspectos lógicos da linguagem ou em suas materialidades gráficas. A quarta delas é a dos poemas visuais realizados em computador, em que há um engajamento mais direto com a liquidez da linguagem digital, um caminho em que o poeta estava investindo com ênfase, por ocasião de sua morte, seja em poemas impressos, seja em poemas hipermídia, como os que compõem o CD-ROM *Interpoesia*.

Antes de detalhar essas quatro categorias, por meio de exemplos marcantes, vale a pena apontar algumas características mais gerais da obra de Menezes. Uma dessas características marcantes é o humor ou um aspecto lúdico que o liga à tradição modernista do poema piada, das obras curtas de caráter irônico ou desconcertante, típicas, por exemplo, de um Oswald de Andrade. Esse aspecto bem-humorado ou lúdico perpassa a obra de Menezes, fazendo-se presente em todas as quatro categorias. A veia cômica, de ironia inteligente e tiradas espirituosas, é uma espécie de constante. Ela não está presente em todos os poemas, mas sempre retorna em algumas das principais obras, oferecendo situações desconcertantes ao leitor. Nem sempre se trata de um humor escrachado, muitas vezes esse aspecto lúdico da obra de Menezes surge de forma mais sutil, por exemplo por meio de trocadilhos ou alusões.

Outra dessas características é um investimento na materialidade da escrita ou, para ser mais coerente com sua proposta de expansão da poesia para além da linguagem verbal, o aspecto de montagem entre signos, especialmente entre o verbal e o visual. Essa ênfase na montagem aproxima a poética de Menezes das práticas do cinema, especialmente do desejo eisensteiniano de uma montagem intelectual em que as partes de um todo se combinam de forma qualitativa. A montagem eisensteiniana funciona de forma semelhante a alguns ideogramas, em que os dois termos que o compõem se fundem num sentido que transcende as partes. As técnicas de montagem são um foco explícito das preocupações de Menezes, que formulou de forma sistemática a ideia de uma poesia intersignos, movida pela fusão qualitativa entre palavra, imagem e som.

O diálogo com a linguagem cinematográfica aparece também no recurso à sequência presente em vários dos poemas de Menezes. Ao invés de ficarem contidos no espaço de uma única página – mesmo quando ela é extrapolada por recursos como o diálogo entre a frente e o verso ou por dobras que ampliam seu campo de ação –, muitos de seus poemas oferecem sequências em que o texto vai se fazendo conforme as páginas são viradas, em efeito cinemático e cumulativo.

Considerando o percurso de Menezes, que vai do livro ao CD de poesia sonora e ao CD-ROM, seria possível propor esse percurso como uma navegação pela página. Um dos elementos da linguagem hipermídia é a fusão das demais linguagens. Ao explorar na página de livro essa sequencialidade, Menezes deixa explícito o caráter de montagem entre signos que propõe, emprestando um outro sentido para a hipermediaticidade em que sua obra vai culminar. Não se trata de um salto tecnológico, mas de um avanço lógico das linguagens, um salto qualitativo que amplia as possibilidades semióticas de forma autônoma.

Outra característica presente na obra de Menezes é a inflexão política. Vários de seus poemas exploram um imaginário de crítica social, evitando a armadilha do literal que transforma a arte política em mero panfleto. Apesar de as únicas referências diretas a poetas no livro *Coisias reunidas* aparecerem nas figuras de Augusto de Campos, Charles Baudelaire e Ezra Pound, não é descabido relacionar seus textos com a máxima de Maiakovski, de que não há arte revolucionária sem forma revolucionária. Longe de propor uma poesia engajada, pelo contrário, o político na obra de Menezes surge também pelo signo da montagem, ou seja, da fusão qualitativa entre forma política e conteúdo político.

Por último, vale destacar o uso de materiais existentes, que são graficamente deslocados. Muitos dos poemas de Menezes se apropriam de elementos gráficos existentes e os incorporam ao poema ou modificam suas características. Também é preciso deixar claro que essas categorias se misturam nos poemas. Mais que um exercício de classificação, em que grupos de poemas aderem às categorias, elas funcionam como vetores que perpassam os poemas aos pares, em trios, nas mais diversas combinações.

Um dos poemas de *Vermelho* oferece um bom ponto de partida. "Inconfidências" estende-se por três páginas. O poema parte do *slogan* da inconfidência mineira, *libertas quae sera tamen*, impresso em torno do conhecido triângulo vermelho, na configuração que se tornou a bandeira do estado de Minas Gerais. É como se a página do livro contivesse um pedaço da bandeira, deslocada para o espaço gráfico. Uma bandeira maior que os limites da página, que parece incapaz de contê-la.

O título "Inconfidências", no plural, muda o sentido mais direto que o deslocamento do símbolo da inconfidência mineira produz. Inconfidências é uma palavra usada geralmente para se referir a indiscrições, comportamento mais ligado à esfera do privado que à esfera pública que o *libertas quase sera tamen* faz supor. Surge, aí, uma primeira tensão, entre público e privado, resultante da escolha por um plural que, apesar de discreto, muda o sentido do que vemos.

Na segunda página, um padrão quadriculado, que pode se referir a uma grade de cela de prisão, contém o pedaço visível de um enorme círculo vermelho. A liberdade tardia que se anunciava se torna seu oposto, um sol que nasce quadrado e circula vermelho. Aqui se estabelece uma segunda tensão, entre liberdade e prisão. Também se fixa um contraste de cores que organiza o poema, entre o vermelho e o preto. Se, na primeira página, o preto adotado no texto, pelo fato de o texto em livros ser rotineiramente impresso em preto, não assumir de imediato um valor cromático, agora a grade preta estabelece um contraponto com o círculo vermelho.

Na terceira página, uma bandeira que lembra a bandeira Russa, ressignifica todo o poema, completando seu sentido. O retângulo vermelho contém, no canto superior esquerdo, uma estrela e uma lua minguante, oferecendo mais um contraponto, agora entre dia e noite. Nessa página, o jogo de cores é entre o vermelho e o branco. A bandeira, todavia, sugere um país imaginário, estabelecendo mais uma das tensões, esta no arco amplo da organização cinemática do poema, a tensão entre a bandeira existente e a bandeira inexistente.

O poema funciona como um percurso que desmonta os desejos de liberdade política e as contradições entre as utopias que se pretendem libertadoras e os efeitos aprisionantes decorrentes de sua institucionalização. As tensões internas do poema, entre triângulos, círculos e quadrados, entre liberdade e prisão, entre público e privado, entre dia e noite, entre realidade e utopia, parecem estabelecer uma dialética de opostos cuja síntese, ao contrário do que seria esperado, é um território ambíguo, engendrado nos meandros da literatura. A opção por três termos sugere um exercício de dialética, com a contradição entre os dois primeiros termos levando à síntese.

Mais que uma crítica política, o poema parece uma crítica à institucionalização da política e um incentivo a só levantar bandeiras quando elas contiverem um elemento imponderável, como acontece com a poesia. A primeira bandeira, real, leva à prisão; a segunda bandeira, sonhada, leva ao desengessamento da política.

A bandeira é recorrente na obra de Menezes. "Desordens e pregressos", de 1997, deforma e embaralha os elementos da bandeira do Brasil. Revertendo o lema positivista da bandeira, da mesma forma em que no poema "Inconfidências" há uma reversão do sentido inicial do *libertas quae sera tamen*, "Desordens e pregressos" também aponta para esse desenrijecimento do político, buscando encontrar os elementos de sonho e fantasia em meio ao institucionalizado. Nesses poemas, há uma possível referência direta à poesia, que reordena de forma rica os elementos da língua e, assim, os coloca em movimento. Remontar a bandeira do Brasil é como versificar a prosa rígida de sua configuração estabelecida, procurando inventar um país que escapa do que sua história lhe fixou.

"Reviver", do livro *4 achados construídos*, é um diálogo com poema "Rever", de Augusto de Campos. O poema explora a dobra como elemento de produção de sentido. Num primeiro nível, lemos a palavra "Rever", a página dobrada que sempre fica levemente sobressalente sugerindo que há algo a se desvelar. Ao abrir a dobradura, revela-se a palavra "Reviver" com uma alteração significativa. A letra "V" está modificada de forma a configurar um ideograma que significa água. A dobra da página, entendido este duplo sentido, revela-se como um vinco que pode ser um leito de rio passando por baixo de uma ponte, num exemplo potente de ressignificação da materialidade do livro.

"Clichetes", de 1980, é uma obra síntese do humor na poética de Menezes. Valendo-se do recurso do deslocamento, uma embalagem de Chiclete Adam´s, uma das marcas mais conhecidas no Brasil, é alterada pela inversão de sílabas. A goma de mascar de sabor menta transforma-se numa goma de mascarar sabor mental. Conciso e direto, o poema tem algo do poema-piada, mas, ao mesmo tempo, extrapola o aspecto lúdico para fazer uma crítica aos processos de massificação do pensamento.

É significativa a escolha por uma embalagem, pois ela é a síntese do empacotamento simplificador que o poema ironiza. Distribuído em pílulas mastigáveis, o pensamento que se torna clichê perde a força inventiva que interessa à poesia. "Clichetes" instala o próprio avesso do que formula de forma literal, pois, na aparência de um produto (a leitura rápida pode confundir, a ponto de o leitor não perceber as nuanças do poema e tomá-lo por uma mera caixa de chicletes com as cores alteradas), o poema encontra o contrário do pensamento pronto, ou seja, aproxima-se dos processos incapazes de serem contidos.

Intervir na embalagem é, por metonímia, intervir no processo de pasteurização que ela representa. Ao fazê-lo, o poema instala um processo sofisticado de ressignificação da cultura de massa, propondo que pequenos retoques em sua face podem resultar em grandes diferenças, e que a distância entre o pensamento em série, que perde sua potência pela repetição, e o pensamento novo, que desmonta o coro das previsibilidades, não estão tão distantes assim.

Em "Versos adnatos", de 1988, há uma aproximação com a ciência e com as organizações lógicas da página. Duas frases, "Da antimatéria do universo" e "Da aritmética ao verso", são impressas nas faces opostas da página, servindo de base a um poema-objeto que deve ser montado pelo próprio leitor. As instruções são para recortar a lateral da página no livro nos indicadores pontilhados e retorcer a tira resultante, colando as extremidades para gerar um objeto fixo. O procedimento resulta em poema que percorre uma fita de Möbius. Essa configuração empresta um sentido mais preciso aos versos. A fita de Möbius é uma pesquisa em topologia relativa às noções de orientabilidade e triangulação, gerando uma superfície contínua, em que uma face sempre leva à outra, numa espécie de *loop* infinito. Essa estrutura faz dos versos do poema um contínuo em que a antimatéria do universo leva da aritmética ao verso, estabelecendo uma base lógica em que coincidem texto e objeto.

Da primeira fase de poemas de Menezes, "Máquina", de 1980, é uma obra especial, pois aglutina várias das características apontadas no início deste texto. O poema explora a leitura espelhada de uma sequência numérica digitada numa calculadora. Quando lida no espelho, a sequência "612309" revela a palavra "POESIA". Em livro, esse espelhamento acontece pelo posicionamento de duas calculadoras em páginas opostas de um livro, o número na frente e a palavra no verso, sendo revelada ao virar da página.

A estratégia do poema vai além da mera montagem entre palavra e imagem, pois explora as duas faces da página do livro, a mecânica do virar de uma página a outra como elemento que executa a operação poética. Em "Máquina", a materialidade da escrita é ampliada para o território de sua sintaxe mais ampla, a do próprio livro. Além disso, a proximidade entre texto e número aparece de forma literal, encontra a escrita no avesso visível do cálculo.

Os "Frutos do mal", de 1997, também explora a montagem entre páginas, mas agora numa configuração que remete ao livro de poemas em verso. Trata-se de um dos poemas falsamente versificados mencionados no início do texto. Os versos que compõem a página são objetos deslocados, pois o poema de Baudelaire é transcrito integralmente. Apesar da configuração mais convencional, o poema desempenha o mesmo papel da bandeira, da máquina de calcular ou da caixa de chicletes em outras obras – trata-se de um elemento que foi apropriado e recontextualizado. Em "Frutos do mal" também há uma referência à história da poesia e um diálogo interxtextual, nos moldes do diálogo com "Rever" no poema "Reviver". Nesse caso, a referência é à perda da memória que acometeu o poeta francês no final de sua vida. Este é o inimigo que faz pedaços dos versos desaparecem da página, em intensidade crescente, na operação de apagamento que a segunda página de "Frutos do mal" propõe.

"Neureka!" é um dos poemas que explora as possibilidades da computação gráfica de forma mais agressiva, marcando o engajamento mais direto com a liquidez da linguagem digital. Faz parte do grupo de poemas em que a separação entre palavra e imagem desaparece, na medida em que a tipografia se transforma num dado manipulável pelo computador, que permite alterar seu desenho, sua perspectiva e mesmo as características formais definidoras.

Em um fundo preto, a palavra *Neureka!* surge em perspectiva, como se estivesse numa trajetória de rotação pela página. Essa sugestão de movimento resgata o elemento cinético de outros poemas, mas agora, ao invés da passagem entre as páginas, acontece a sugestão de passagem entre momentos de uma animação. Além dessa sugestão, marca o poema a reversão do sentido de *neurose*. A palavra, aglutinada ao conhecido grito de *Eureka*, o bordão de descoberta do matemático grego Arquimedes de Siracusa, tem seu sentido revertido. As perturbações nervosas, os comportamentos histéricos e as obsessões são investidos de um sentido de descoberta, como se a neurose tivesse uma capacidade inventiva.

"Cacófatos visuais" é uma série de poemas que levam ao extremo essa liquidez da linguagem digital. Em cada cacófato, um palavrão é desconstruído visualmente. O cacófato acontece no âmbito do atrito entre palavra e imagem, sendo deslocado do plano sonoro para o plano gráfico. Esse processo também torna difícil identificar as palavras que compõem os cacófatos, apesar de, em boa parte deles, em algum momento, ser possível ver o texto se configurar em meio aos estilhaços tipográficos. A tipografia desmontada assume um caráter plástico, e as letras se tornam imagens. Esses poemas dialogam com os estilhaços de Marinetti em "A batalha de Adrianopoulos", apesar de o sentido de ambos serem bastante distintos quando se despreza a configuração visual. Os "Cacófatos" também se encontram entre os poemas de carater humorístico, apesar de aqui estar presente, sobretudo, a ironia. O teor explícito e cru de palavras como "boceta", "cu", "caralho" é revertido pela potência plástica das composições. Outro diálogo presente nos "Cacófatos" é com os poemas eróticos que investem na escatologia, por exemplo de Gregório de Matos. Mas entre o oculto e o revelado, coloca-se em questão o pudor que temos diante dessas palavras banidas do vocabulário cotidiano. A tensão entre o que está escrito e seu desmonte gráfico torna-se uma tensão entre o aceitável e o inaceitável, que torna poético o banal.

"O lance secreto" é um dos poemas mais complexos de *Coisias reunidas*. Distribuído por cinco páginas do livro, organiza-se em torno da relação de Marcel Duchamp e Lewis Carroll com o jogo de xadrez. O lance secreto é um lance depositado em um envelope, que um jogador de xadrez pode fazer para provocar uma paralisação temporária da partida. Seu adversário abre o envelope no dia seguinte, quando o confronto continua. No poema, o tabuleiro de xadrez serve de espaço para um jogo de substituições que modificam seu sentido a cada lance poético. Na primeira página, peças de xadrez distribuídas de forma aparentemente aleatória preenchem uma boa parte do tabuleiro. Sua configuração parece ter mais valor estético do que função numa eventual partida. Na segunda página, há apenas um peão, disposto no que seria sua posição inicial.

Qual o segredo desse peão solitário que, aparentemente, não foi movido numa suposta partida em que todas as demais peças desapareceram? Talvez as páginas seguintes tragam pistas. Na terceira página do poema, o tabuleiro de xadrez transforma-se numa grade geométrica, sobreposta à obra "Fresh widow", de Marcel Duchamp. O xadrez e as janelas eram obsessões do artista. As intersecções entre as áreas da grade geométrica e da janela resultam numa trama de não coincidências em que, todavia, o peão surge como ponto de coincidência e estabilidade, estando centralizado em ambas. Na quarta página do poema, a grade geométrica está sobreposta a Alice Liddell, uma menina que mora próximo de Lewis Carroll e que, a certa altura, talvez tenha tido aulas de xadrez com o escritor, que durante as lições contava para ela algumas das histórias que foram compor o livro *Through a looking glass and what Alice found there*. No diário de Carroll, há inúmeras referências ao jogo de xadrez e, em versões preliminares de *Through a looking glass*, o autor relacionou os personagens a peças do jogo.

Na última página do poema, a grade geométrica está sobreposta a Rrose Sélavy, o alter ego feminino de Marcel Duchamp. Duchamp é conhecido por apreciar o jogo de xadrez, tendo, inclusive, o adotado como tema de obras de início de carreira como *The chess game* (1910), *Portrait of chess players* (1911) e *King and queen surrounded by swift nudes* (1912). Ao sobrepor arte e jogo de forma ampla em sua própria proposta, o poema tensiona o entendimento do jogo como uma atividade de objetivos definidos, e a arte como uma atividade aberta e lúdica.

A riqueza das obras de Philadelpho Menezes está na sua diversidade, que demonstra uma capacidade de dialogar com os diferentes contextos de produção, sem perder a coerência em torno de certos vetores e procedimentos. O livro *Coisias reunidas*, ao misturar poemas publicados anteriormente com títulos inéditos, oferece um amplo painel dessa produção, permitindo conhecer de forma ampla a produção deste que foi um dos principais poetas de sua geração e que a morte prematura suspendeu a produção no auge da maturidade, quando o percurso pelas materialidades visual e sonora da poesia havia lhe habilitado para a síntese lógica da poesia intersignos.

Marcus Bastos*

* Professor da Pontifícia Universidade Católica de São Paulo. Publicou os livros *Limiares das redes* (Intermeios, 2014) e *Cultura da reciclagem* (Noema, 2007, e-book), além de organizar *Cinema apesar da imagem*, com Gabriel Menotti e Patricia Moran (Intermeios, 2016) e *Mediações, tecnologia, espaço público: panorama crítico da arte em mídias móveis*, com Lucas Bambozzi e Rodrigo Minelli (Conrad, 2010).

PUC-SP

PONTIFÍCIA UNIVERSIDADE CATÓLICA DE SÃO PAULO
Reitora: Maria Amalia Pie Abib Andery

EDITORA DA PUC-SP
Direção: José Luiz Goldfarb

Projeto editorial
Ana Aly
Editor
Filipe Moreau
Projeto gráfico
Marcelo Girard
Concepção gráfica do título do livro
Ana Aly
Revisão
Germana Zanettini
Produção executiva
Gabriel Mayor
Diagramação
IMG3

Laranja Original Editora e Produtora Ltda.
Rua Capote Valente, 1198 - Pinheiros
São Paulo, SP - Brasil
CEP 05409-003
Tel. 11 3062-3040
contato@laranjaoriginal.com.br
www.laranjaoriginal.com.br

Dados Internacionais de Catalogação na Publicação (CIP)
(Câmara Brasileira do Livro, SP, Brasil)

Menezes, Philadelpho, 1960-2000
Coisias reunidas / Philadelpho Menezes ; ed. Ana Aly ; prefácio Lúcia Santaella ; posfácio Marcus Bastos . - São Paulo : EDUC : Laranja Original, 2019.
168 p. ; 17 X 23 cm

ISBN 978-85-283-0631-6 (Educ)
ISBN 978-85-92875-62-6 (Laranja Original)

1 . Poesia brasileira. I. Aly, Ana. II. Santaella Lúcia.

CDD 869.915

Carmen Prates Valls - CRB 8a. / 556

Educ-Editora da PUC-SP
Direção
José Luiz Goldfarb
Produção Editorial
Sonia Montone
Revisão
Equipe Educ
Produção Gráfica
Waldir Alves
Gabriel Moraes
Administração e Vendas
Ronaldo Docicino

Rua Monte Alegre, 984 - sala S16
São Paulo, SP - CEP 05014-901
Tel.: 11 3670-8085 e 3670-8558
educ@pucsp.br
www.pucsp.br/educ

Papel Pólen 80 g/m²
Impressão Eskenazi
Tiragem 500 exemplares